LE CHOIX

D'UN

PREMIER MINISTRE,

OU

MOYEN EMPLOYÉ PAR UN BON ROI

POUR RENDRE SA FÊTE CELLE DE SES SUJETS.

A propos historique.

PARIS.

CHEZ {
BABEUF, libraire, rue du Lycée, n° 2;
PONTHIEU, libraire, Palais-Royal;
Tous les Marchands de Nouveautés.

1825.

LE CHOIX

D'UN PREMIER MINISTRE.

LE NORMANT FILS, IMPRIMEUR DU ROI,
rue de Seine, n° 8, f s g

LE CHOIX

D'UN

PREMIER MINISTRE,

OU

MOYEN EMPLOYÉ PAR UN BON ROI

POUR RENDRE SA FÊTE CELLE DE SES SUJETS.

A propos historique.

PARIS.

CHEZ { BABEUF, libraire, rue du Lycée, n° 2 ; PONTHIEU, libraire, Palais-Royal ; Tous les Marchands de Nouveautés.

1825.

Un mot au Lecteur.

Cet épisode, qui a dû faire partie de l'histoire de quelque peuple, a été trouvé dans les papiers d'une succession. Les dates sont en blanc, et à la place des noms on ne trouve qu'une seule initiale ou des points. J'ai fait d'inutiles recherches pour savoir quelle époque, quelle nation ces pages pouvoient intéresser ; de plus savans auront sans doute un meilleur succès ; pour moi j'ai uniquement aperçu que les personnages, que les faits sur lesquels cet opuscule nous donne des détails circonstanciés, ont une analogie bien frappante avec les hommes et les événemens de nos jours. Ce seul mérite m'a décidé à la publication de ce véritable *A propos historique.*

LE CHOIX

D'UN

PREMIER MINISTRE.

C... venoit de monter sur le trône que la mort
de son frère avoit rendu vacant. Ce prince
avoit une réputation méritée de franchise, de
bonté, de justice et de loyauté ; les dames n'a-
voient pas peu contribué à la répandre : on sait
qu'elles ont une influence d'autant plus grande
sur l'opinion publique que cette influence est
douce, insinuante, aimable et naturelle. A son
avènement au trône, toutes ses sujettes l'aimoient
avec toute la vivacité du caprice et la chaleur
de la satisfaction. Il est inutile de dire qu'elles
n'ignoroient pas que ce monarque avoit été
aussi courtois que galant.

Le soldat le chérisoit comme un père, parce
que sa main ne dédaignoit pas de suspendre à

la boutonnière du vieux grenadier le prix de la valeur.

Le peuple versant des larmes bien douces, bien précieuses pour un souverain, le saluoit de mille acclamations en accompagnant ses pas dans ces pieux asiles qu'éleva la charité de ses ancêtres et que dote sa royale munificence.

Parlerai-je de l'industrie, du commerce, des arts : réunissant leur triple guirlande, ils couronnoient avec une respectueuse reconnoissance le monarque qui n'oublioit jamais d'adresser un mot flatteur à l'administrateur zélé, d'accorder une prime au négociant et une récompense à l'artiste ami de la gloire , mais à la fortune duquel doit toujours veiller la sollicitude d'un souverain.

Les derniers nuages d'une tempête aussi longue que terrible venoient de se dissiper aux rayons salutaires d'un soleil bienfaisant, et le char de la monarchie, nouvellement réparé et monté sur un rouage plus moderne et plus solide, s'avançoit dans un chemin dont une main aussi sage que savante avoit fait disparoître les inégalités et les ornières féodales. Tout à coup un homme au cœur sec, à l'œil louche et envieux, paroît : son bras artificieux arrête ses coursiers, et jetant sur cette route triomphale tous les décombres du machiavélisme, il se complaît à les conduire haletans de fatigue et d'impatience sur un terrain hérissé de difficultés. Ils marchoient, ils voloient éclairés par la lumière la plus vive et la plus brillante ; il se fait un plaisir de les faire broncher au milieu des ténèbres les plus épaisses. Et bientôt couvrant du voile obscur de ses perfides combinaisons le spectacle imposant de la monarchie, nouveau maire du palais, usurpant insolemment la place de son maître, il impose à une nation entière toute l'inflexibilité de ses systèmes, tout le dévergondage de ses capricieuses volontés.

Cependant cet homme s'étoit montré d'abord l'ami, le défenseur de son Roi ; il avoit même plusieurs fois plaidé la cause du peuple avec un zèle digne d'éloges ; mais ce n'étoit, hélas ! qu'un tour de force pour échelonner jusqu'au poste de premier ministre qu'il occupe avec une tyrannie plus que dictatoriale.

Soudain au murmure de sa volonté, l'édifice sacré des fortunes publiques se couvre d'un nuage sinistre. Armé d'une loi impolitique, immorale, il porte une main parricide sur le crédit public. En vain ce que la patrie offre de citoyens vertueux, d'hommes habiles et éloquens, arrête un moment la fureur du vandale ; couvrant sa massue des lambeaux de la pourpre royale qu'il se plaît à déchirer, il revient bientôt à la charge. La tempête est alors à son comble. Il s'avance environné de tous les auxiliaires qu'ont jetés dans ses rangs l'ambition, la bassesse ou la pusillanimité. — Tous les conseillers, tous les préfets armés de leur hache vénale font des battues aux avancées ; tous les chefs de bureau sont debout mèche allumée devant les pièces de siége , les maires servent celles de campagnes , et les commis et les agens de police sont disposés en éclaireurs. Enfin le nouvel Agamemnon donne le signal. L'armée ministérielle s'ébranle, et *le houra* que fait entendre cette troupe victorieuse de barbares, couvre la patrie d'un deuil universel.

A ces chants de conquête , tout ce que la nation présente d'honorable répond par un long cri d'indignation. Les citoyens , que quelques opinions divergentes tenoient séparés , se réunissent à la vue de l'abîme immense où va se précipiter la fortune publique.

Des journaux, qui ont toujours servi d'organe à la vérité, offrent leurs colonnes menaçantes aux observations , aux réclamations qui s'élèvent de toute part ; l'arme de la polémique brille dans les mains de tous les écrivains , de tous les publicistes ; l'éloquence tonne majestueusement à la tribune et va frapper de ses éclats le vampire qui s'est attaché au cœur de la patrie.

Mais ce n'est pas encore assez : le ridicule doit parer sa marotte des couleurs de ses enseignes abattues et déchirées, et le gai, le malin vaudeville chanter ses piquans refrains sur son cadavre immonde.

L'orage violent qui signale son funeste passage d'une manière si effrayante après avoir ravagé l'asile du négociant, la demeure paisible du citoyen qui nourrit sa vieillesse du prix des travaux de son jeune âge, courbe sous ses efforts les chênes robustes qui ombragent les palais des rois. Dans ce grand bouleversement, le sage héros que la nature a placé si près du trône, et les augustes princesses qui en sont l'ornement, s'interrogent, se consultent en regardant d'honorables guerriers qu'ils s'étonnent de voir pâlir pour la première fois.

Cependant la fête du monarque donne lieu à des réjouissances publiques : il paroît au milieu de son peuple ; une foule avide de contempler ses traits chéris se presse autour du cortége qui l'entoure ; mais ce peuple, qui l'avoit salué par tant de cris d'amour et d'allégresse, garde un silence morne, mais respectueux. Cet air de malaise et de mécontentement ne pouvoit échapper à l'œil pénétrant du monarque.

Rentré dans sa royale demeure, il retient auprès de lui un de ces hommes vertueux qu'il sait que le séjour des cours n'a point corrompu.

« Mon ami, lui dit le Prince, mon ami, j'ignore pourquoi j'éprouve aujourd'hui un charme plus doux à vous répéter ce nom ; mon ami, lorsqu'en montant sur le trône de mes ancêtres, je vous ai élevé à de plus hautes dignités, j'ai acquitté la dette de la reconnoissance ; j'ai récompensé, non les complaisances, les services d'un courtisan, mais les vertus de l'homme privé, mais la fidélité qui vous attacha toujours au sort de notre maison. Pendant l'exil, j'ai apprécié votre fermeté, votre courage, votre dévouement sans bornes. Dans l'adversité, dans le malheur, on a besoin de conseils, de consolations, de secours ; dans la prospérité, dans la puissance, sur le trône enfin, on n'a besoin que de la vérité. Je vous la demande donc tout entière ; je vous la demande, parce que mon cœur paternel est plus que jamais avide de la connoître.

R...., vous savez combien j'aime mon peuple, combien j'aime mes enfans ; en reparoissant au milieu d'eux, je leur dis, avec toute l'effusion de l'âme la plus tendre : *Rien de changé parmi vous, il n'y a qu'un* compatriote *de plus.* Aujourd'hui, j'aurois dit : Mes enfans, vous avez un bon père. J'en suis persuadé, vous avez remarqué l'air morne et abattu qu'avoit mon peuple ; il me saluoit, il est vrai, de ce cri antique et national qui fait tant de plaisir à l'oreille des rois ; mais ce cri avoit quelque chose de moins naturel, ce cri n'a pas remué mon cœur avec sa magie accoutumée, et je suis rentré triste et rêveur dans mon palais.

R...., mon peuple, mes enfans, ont à se plaindre..... Mes ministres abuseroient-ils de leur puissance ? Chaque jour, au conseil, ils me prônent cependant le bonheur et la prospérité publique. Parlez, mon ami, et rassurez le cœur de votre roi. »

« Sire, lui répond le vieil ami du trône et de la vérité, Sire, il n'est que trop vrai, votre peuple a à se plaindre ; le plus puissant de vos ministres, ivre d'un fol orgueil, enflé de tout le vent de la plus audacieuse témérité, s'est avancé dans une route que lui a ouverte le plus funeste système ; il a porté une main coupable sur le crédit public. En vain nos anciens, nos hommes expérimentés ont cherché à lui dessiller les yeux ; en vain la voix de la sagesse a cherché à le ramener vers le rivage, les chocs terribles qu'a éprouvés sa flotte n'ont pu le convaincre de l'existence des écueils qui l'entourent.

Cette loi, si impatiemment attendue, qui devoit fermer les dernières plaies de la révolution, est devenue, dans ses mains, une arme meurtrière. Votre royale bonté vouloit guérir un membre du corps social que les éclats de nos dissensions avoient grièvement blessé. Un opérateur téméraire et maladroit a porté son scalpel inhabile sur le corps entier, et l'a couvert de de blessures mortelles.

Votre noble étendard a-t-il salué l'indépendance d'une terre lointaine? La cravate dorée qu'il portoit pour le ministère nous a caché à son retour la pureté de ses couleurs.

Et les arts, Sire, dans quel état d'asservissement sont-ils? Les honneurs, les encouragemens sont uniquement pour les hommes à argent, pour les hommes vendus au nouveau système. Quelques hommes de lettres reçoivent peut-être de modiques gratifications; mais il faut assurément que celui qui tend la main à cette faveur porte sur sa manche les galons du ministère.

Sire, je vois à ce récit votre front se couvrir des marques d'un juste mécontentement. Vous m'avez demandé la vérité; je vous la dis tont entière. Votre peuple vous aime toujours, et vous êtes assuré d'en être idolâtré, si vous lui donnez un ministre sage et équitable, un ministre tel que celui qui a fait le bonheur et la gloire du règne du plus aimé de vos augustes ancêtres. »

R....., indiquez-moi ce ministre, lui dit le bon Roi. S'il ne falloit que du zèle, du dévouement, de l'honneur, toute l'amabilité d'un homme de cour, je vous éleverois à ce poste difficile; mais, dans la position critique où on nous a plongés, il nous faut un homme qui ait la longue habitude des affaires, un homme qui ait fait ses preuves, dont le nom seul rétablisse la confiance, en offrant des garanties solides à tous les partis.

Sire, vous le désignez vous-même. En traçant le portrait du ministre dont vous avez besoin, vous avez fait celui de.......

J'y songeois, ajoute en souriant le monarque, et je vous charge de lui faire part de suite de ma volonté.

Je n'ai pas besoin de parler du plaisir, de l'empressement avec lequel le respectable R.... se hâte de remplir la mission qui vient de lui être confiée: et pendant qu'il s'en occupe, arrêtons un moment nos regards sur un tableau bien digne de fixer notre attention.

Depuis qu'une intrigue jalouse avoit éloigné du conseil de son Roi le noble........ cet homme illustre, offre la nouveauté bien extraordinaire pour les contemporains d'un ministre qui ne cherche pas à endormir sa disgrâce au son de l'or qu'il a su ravir. Entré pauvre dans ces palais où tant d'autres amassent si facilement des richesses , il n'a emporté, en les quittant , que le souvenir des bienfaits qu'il a répandus. Le commun des hommes le taxera peut-être d'imprévoyance ; mais un pareil jugement ne peut avoir, de justesse que porté sur un V..... rentrant dans les rangs inférieurs d'où il est parti pour se placer au faîte de la puissance. Il n'y a pas de doute qu'après un désintéressement semblable , cet homme eût été à plaindre ; car, aux jours de la faveur, il a repoussé l'amitié qui console aux jours de la disgrâce , et son règne, si funeste pour toutes les classes de la société , est loin de lui avoir fait des partisans dans le monde. Les arts ne viendront pas non plus charmer les ennuis de sa solitude ; il les a traités avec une si dédaigneuse indifférence. Isolé au milieu de ses compatriotes qui le regardent avec mépris , il a donc besoin de toute la puissance de son or pour se créer des amis factices, pour s'entourer de vénales jouissances. Quant à l'homme vertueux, à l'homme juste, humain, bon et généreux, il possède un talisman précieux, qui, dans toutes les positions de la vie, retient auprès de lui tout ce qui peut contribuer au véritable bonheur.

L'homme éclairé, que la nation désiroit de voir depuis long-temps à la tête de ses affaires, réunissoit autour de lui une société d'hommes distingués qui avoient des droits à toute sa confiance, et qui gémissoient avec lui sur les malheurs qu'alloit indubitablement appeler sur la patrie la conduite aussi imprévoyante qu'immorale du premier ministre. Au moment même où la voiture de l'interprète de la volonté royale s'arrêtoit devant son hôtel, mes amis, leur disoit le vrai partisan des bonnes doctrines, mes amis, vous allez peut-être rire de ma prédiction, comme l'on rit jadis de celle du bon Cazotte; mais, je vous en fais la confidence, je me sens vieillir avec une certaine jouissance, et je crains encore de ne pas assez tôt descendre dans la tombe, et d'être témoin d'une révolution d'autant plus terrible, qu'il y aura peu d'hommes sages et raisonnables pour en arrêter les progrès.

Lorsque celle dont nous avons été tous les victimes éclata, on comptoit encore beaucoup de citoyens qui, par la noblesse de leur caractère, par la pureté de leurs mœurs, l'indépendance de leur conscience, leurs profondes connoissances, pouvoient offrir un contre-poids victorieux; mais aujourd'hui jetons un regard effrayé autour de nous, quel tableau nous présente la société? La bonté est assise, il est vrai, sur le trône, et réfléchit les vertus de nos princes; mais une intrigue jalouse a éloigné de ce trône la plupart des hommes incorruptibles. L'absolutisme a démissionné les magistrats intègres, les fonctionnaires vertueux. La crainte d'une comparaison désavantageuse a mis en retraite l'élite de nos armées. A prix d'or ou de grandeurs on a formé dans nos Chambres cette cabale scandaleuse, qui vient annuellement couvrir de son murmure discordant et antipatriotique le noble chant de la vérité.

Cependant jamais époque où l'on parla tant de morale, de religion, de bien public; vains mots, qui servent, pour ainsi dire, d'accroches pour suspendre le rideau qui cache les Saturnales de l'hypocrisie. Ah! que ne suis-je auprès de mon Roi pour éclairer sa religion, pour lui signaler............. Dans ce moment l'envoyé du souverain se présente, et apprend à son illustre ami la décision royale qui confie à ses mains exercées et savantes le timon du vaisseau de l'Etat.

O mon Roi, s'écrie à cette nouvelle inattendue l'illustre............, ô mon Roi, vous me croyez donc digne de faire quelque chose pour votre personne auguste, vous me croyez capable de contribuer au bonheur de mon pays. Le jugement que vous daignez porter sur mes forces et mon zèle m'en donnent de nouveaux. Oui, je prends le Ciel à témoin, je ferai tout ce qui dépendra de moi pour que votre règne soit celui de la concorde, de la morale et de la justice, et qu'il soit béni de tous vos sujets.

Cependant le bruit d'un changement si favorable au bien général s'étoit répandu dans la capitale, et le monarque s'étant montré le soir au spectacle, est salué par autant d'acclamations de reconnoissance qu'il avoit entendu de cris d'allégresse et d'amour lors de son avènement au trône de ses pères.

Ici finit ce manuscrit, dont la plus grande partie semble avoir été écrite de nos jours. Celui qui le publie a tout lieu de penser que le nouveau ministre fit beaucoup de bien ; mais ce qu'il y a de bien sûr, c'est qu'il est persuadé que si l'auguste monarque qui nous gouverne mettoit .... à la place de quelqu'un qu'il ne veut pas nommer, l'histoire de son règne présenteroit à l'admiration de la postérité des pages aussi belles que celles qui ont dû compléter un volume qu'il regrette de ne pouvoir offrir en entier au lecteur.

FIN.

PARIS. — LE NORMANT FILS, IMPRIMEUR DU ROI.

www.ingramcontent.com/pod-product-compliance
Lightning Source LLC
Chambersburg PA
CBHW061719050726
47598CB00004B/1929